JN212167

理系の職場

巻頭特集1

これが日本科学未来館だ！

東京のお台場にある日本科学未来館は、名前から想像できるとおり、日本の最先端の科学技術を体験できるミュージアム。❶「地球とつながる」❷「未来をつくる」❸「世界をさぐる」の3つのテーマの常設展と、時期によってかわる特別展やイベントなどを開催しています。さまざまな角度から科学を楽しみ、考えながら、みんなで未来をつくりだすことをめざしています。

日本科学未来館の外観。一般の来館者をはじめ、国内外からたくさんの研究者や著名人が訪れる（→p26）。

Mirai can と読める大きなポスターのいちばん下には Miraikan とある。この意味は?（→p13）

入ったとたんに目に飛びこんでくるものは?

➡入口から進むと前方に「ジオ・コスモス（→p2）」が見える。1階から6階までのふきぬけ空間に、地球のありのままの姿をうつしだすデジタルで表現された球体が浮かんでいる。

日本科学未来館の3つのテーマ

1ページに記した日本科学未来館の3つの常設展のテーマ ❶「地球とつながる」 ❷「未来をつくる」 ❸「世界をさぐる」 の内容を確認しておきます。3つのテーマそれぞれについて代表的な展示物で見てみましょう。

❶「地球とつながる」

このテーマでは、現在の地球の姿をさまざまな視点で感じ、未来の地球がどのようになっていくかを考えます。

日本科学未来館のシンボルともいえる「ジオ・コスモス」をはじめ、来館者が実際に手にふれて体験できる「ジオ・スコープ（→右ページ）」などの常設展示があります。

「ジオ・コスモス」

直径6mの球体である「ジオ・コスモス」は、表面が鮮明な映像をうつしだすモニターになっていて、現在地球がかかえているさまざまな問題を来館者に問いかけています。どの角度からでも映像をくっきりと大きく見ることができる「ジオ・コスモス」は世界でもほかにはありません。下は、そのようすを例として紹介したもの。これらのほかにもたくさんのパターンがあります。

地球の姿（90日間の地球）
刻こくと変化する地球の姿を実感できる映像。雲の映像は、気象衛星を撮影した映像データを毎日取りこんで作成したもの。海氷や植物の色など、季節ごとの変化も表現できる。

未来の地層
人間が排出するプラスチックなどが遠い将来に地層となり、地質年代として位置づけられるといった仮説にもとづいてつくられた映像。研究者たちとアーティストが共同して作成したもので、地球の誕生から現在まで、そして未来をラップミュージックにのせて伝える。

Into the diverse world 多様な世界へ
わたしたち人間が、多様な地球環境やさまざまなちがいのなかで暮らしていることを感じられる映像。地表面温度などの人工衛星による観測データや、民族や言語などに関する統計データを使って、世界の多様性をあらわす。

世界の地震
アメリカ地質調査所から提供されるデータをもとに地球上で毎日発生する地震を示した映像。地図上の円の大きさはマグニチュードを、色は震源の深さをあらわしている。水色の線は、プレートの境界線。その上で、絶えず地震が発生していることがわかる。

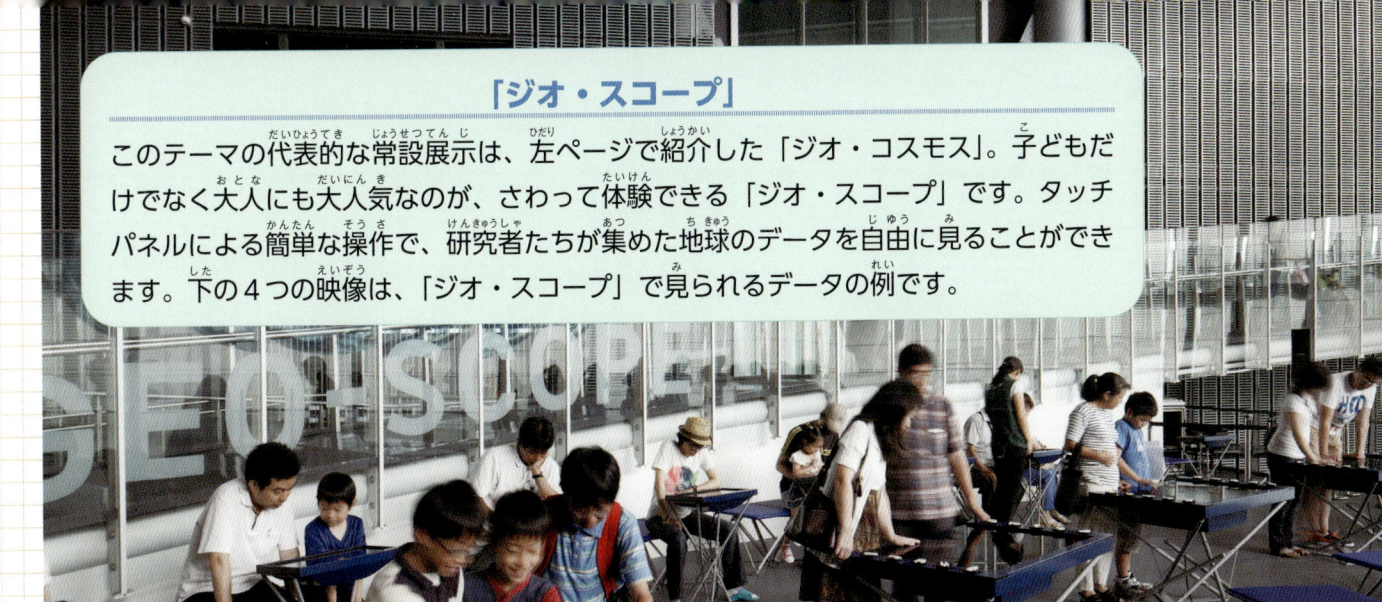

「ジオ・スコープ」

このテーマの代表的な常設展示は、左ページで紹介した「ジオ・コスモス」。子どもだけでなく大人にも大人気なのが、さわって体験できる「ジオ・スコープ」です。タッチパネルによる簡単な操作で、研究者たちが集めた地球のデータを自由に見ることができます。下の4つの映像は、「ジオ・スコープ」で見られるデータの例です。

未来予測シミュレーション気温

地球の今後の気温上昇をシミュレーションしたもので、映像は2050年の気温予測。黄・赤色になっているところが、気温上昇が予想されている地域。

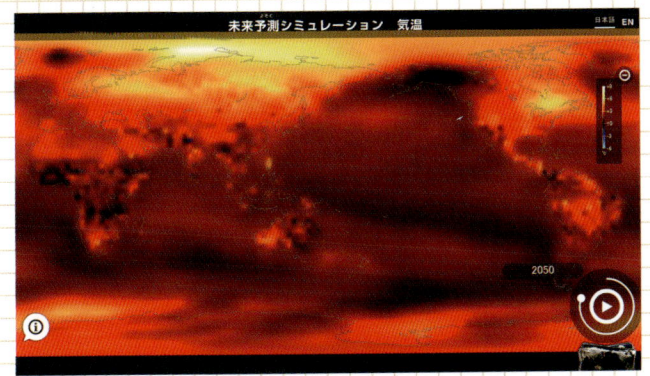

データ提供：海洋研究開発機構、東京大学大気海洋研究所、国立環境研究所、文部科学省

アジサシの移動

アジサシは世界でもっとも長い距離を移動する渡り鳥で、移動距離はグリーンランドから南極まで1万km以上にもなる。そのルートを見ることで、アジサシの生態のなぞを知ることができる。

データ提供：ARC-PIC.COM, Greenland Institute of Natural Resources

森林火災

森林火災が地球上のどこでいつ起こっているかを示した地図。発生場所や時期を見ると、森林火災が発生する原因がおのずと浮かびあがってくるという。

データ提供：東京大学生産技術研究所 竹内渉研究室

東京ヒートアイランド ～東京圏内都市の熱環境シミュレーション～

「ヒートアイランド」とは都市部の気温が周囲より高くなる現象のこと。都市のどの部分に熱がたまりやすいかをシミュレーションしたこのデータは、快適なまちづくりのために活用されている。

データ提供：海洋研究開発機構

② 「未来をつくる」

このテーマでは、わたしたちが望む社会や新しい暮らしの形とはどのようなものかなどを考えます。最先端技術を駆使したさまざまなロボットをはじめ、豊かさを実現していくために必要なアイデアや展示とふれあうことができます。

ロボット

これまで、日本科学未来館ではつねに最新の研究や注目のロボットを展示してきました。2023年11月からは、パートナーロボット「ケパラン」が仲間入り。すさまじいスピードで進化するこれらのロボットを目の当たりにして、みんなはどう感じるでしょうか (→p25)。

最新のロボットを展示した「ハロー！ ロボット」では、愛くるしい見た目の四足歩行ロボット「aibo (→p26)」（写真左）や家庭用ロボット「LOVOT」（写真右）とのふれあいが楽しめる。

以前活躍していたロボット

← 遠隔操作型ロボットの「オトナロイド」は、科学や展示内容の解説をおこなう「科学コミュニケーター (→p8)」としても活躍していた。（2023年11月に展示を終了。）

※かつてASIMOも20年間活躍していた (→p26)。

↑2023年8月まで展示されていた「オルタ」。機械がむきだしになっているにもかかわらず、複雑な動きによってまるで生きているように感じられると、来館者に人気だった。

人の動作を見て反応する「ケパラン」は、人とロボットの未来を考えるために開発されたパートナーロボット。動きや感情を表現するため、約30個ものモーターやセンサーが取りつけられている。

③「世界をさぐる」

このテーマでは、宇宙、地球環境、そのなかで育まれる生命など、わたしたちを取りまくさまざまな「世界」のしくみをさぐります。写真は、上が「国際宇宙ステーション（ISS）」の模型。下が環境問題をあつかった「プラネタリー・クライシス」です。

国際宇宙ステーション（ISS）の「宇宙居住棟」

地上から高度約400kmの宇宙空間に浮かぶISSは、宇宙でしかできない実験や研究、地球や天体の観測などをおこなう有人実験施設です。宇宙での生活に必要な設備を再現した「宇宙居住棟」のなかには、寝袋やトイレ、宇宙食などが展示されています。

「宇宙居住棟」の展示では、宇宙での暮らしやそこでおこなわれている研究成果を見て、人類が宇宙をめざす意味について考えることができる。

「プラネタリー・クライシス」

右の展示は、気候変動の危機にさらされている地域の人びとの暮らしを体感することで、わたしたちの暮らしがさまざまな環境問題を引きおこしていることを理解するためのもの。これらは、地球で暮らしていくには今後どんな取り組みが必要か、未来のためにできることは何かなどを考えるための展示です。

気候変動の影響を受けるフィジー共和国の人びとの暮らしを紹介する大型映像シアター。現地で実際に撮影した映像が使用されている。

はじめに

みなさんのおじいさん・おばあさんの子ども時代といえば、将来のなりたい職業として、エンジニアや科学者などといった理系の職業をあげる人が多くいました。その背景には、当時の日本が科学技術の進歩に支えられ、経済・産業を急速に発展させていたことがあげられます。ところがその後、日本経済は低成長の時代となり、子どもたちの理系ばなれも加速していきました。OECDが4年に一度おこなっている世界共通のテストでは、かつて1位をとっていた数学で、日本はどんどん順位をさげ、子どもたちの理系科目の学力をあげなければ、日本の経済・産業が心配だといわれるようになりました。

近年、理系のしごとの人気がふたたび高まっているといいます。その背景には、日本人のノーベル賞受賞者があいついだことや、大学で学んだ専門知識や技術などをしごとに生かしたいと考える人が増えたことなどがあります。また、理系の職場や進路をめざす女性が昔より増えはじめ、「理系女子」を省略した「リケジョ」という言葉も使われるようになりました。

さて、このシリーズは、かつての子どもたちのあこがれで、近年ふたたび人気が高まっている理系の職場で活躍する人たちを見て、みなさんの将来のしごとについて考えるきっかけにしてほしいと企画したシリーズです。巻ごとに理系のしごとのなかからひとつの組織を取りあげ、そのしごと内容をくわしく見ていき、さらに巻末では、さまざまな理系のしごとを紹介したいと思います。

●もくじ

今回、この本で紹介するのは、東京のお台場にある日本科学未来館です。科学のすばらしさやおもしろさをより多くの人に理解してもらうため、さまざまな展示や研究をおこなっています。しかし、それよりももっと重要な目的は、みんなが未来のあり方について考えるきっかけをつくること。科学技術とともによりよい未来をつくっていくためにはどうしたらよいのか、展示を通して来館者にいっしょに考えてもらうことなのです。

このシリーズで紹介される人たちのがんばりを見て、理系のしごとに改めて魅力を感じる人もいるでしょうし、新たに将来のしごとの選択肢として興味をもつ人もいるはずです。そうした思いとともに、理系の科目やしごとを敬遠することなく、みなさんにどんどん興味をもってもらうことを願っています。

子どもジャーナリスト 稲葉茂勝
Journalist for Children
こどもくらぶ

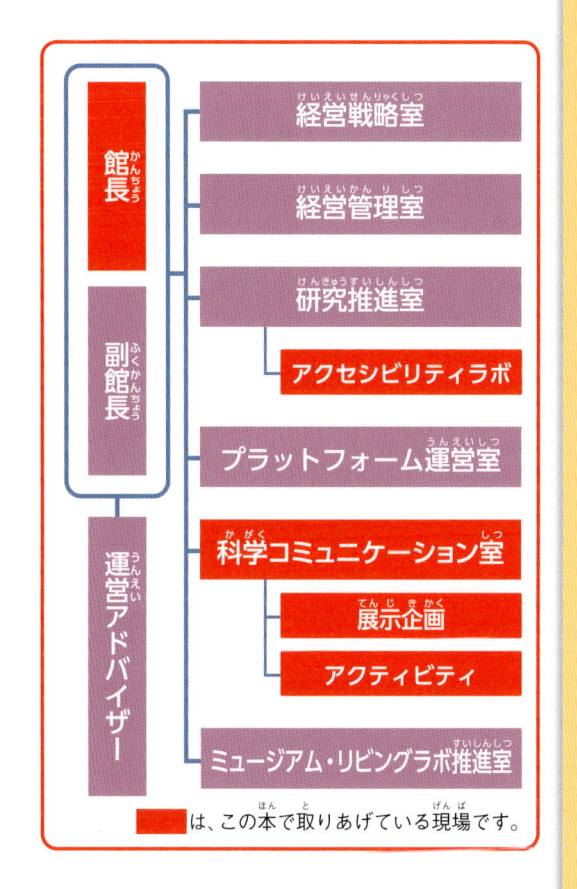

館長	経営戦略室
	経営管理室
副館長	研究推進室
	アクセシビリティラボ
	プラットフォーム運営室
運営アドバイザー	科学コミュニケーション室
	展示企画
	アクティビティ
	ミュージアム・リビングラボ推進室

■は、この本で取りあげている現場です。

①科学コミュニケーター

ここからは日本科学未来館で働く人たちに注目して見ていきましょう。来館者と直接ふれあって対話をし、さまざまな実演をする「科学コミュニケーター」が、親しみやすい笑顔でむかえてくれます。

そもそも科学コミュニケーターとは？

「科学コミュニケーター」は、科学と社会をつなぐ人。科学をわかりやすく伝え、研究のおもしろさやよりよい社会のあり方を来館者といっしょに考えます。一方、一般の人たちがもつ疑問や期待を、研究者に伝える役割も果たします。

そのほか科学コミュニケーターは、ほかのスタッフたち（→p10）といっしょに展示・イベントの企画や制作をします。また、学会や研究所を取材して最新の科学情報を集めたり、インターネットや雑誌の記事を執筆したりしています。

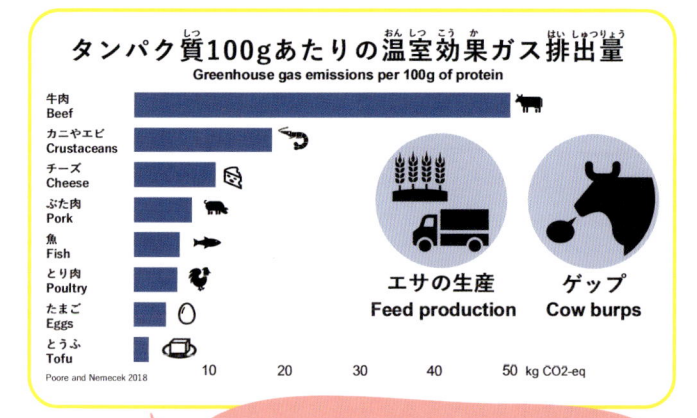

タンパク質100gあたりの温室効果ガス排出量
Greenhouse gas emissions per 100g of protein

牛肉 Beef	
カニやエビ Crustaceans	
チーズ Cheese	
ぶた肉 Pork	
魚 Fish	
とり肉 Poultry	
たまご Eggs	
とうふ Tofu	

Poore and Nemecek 2018

10　20　30　40　50 kg CO2-eq

エサの生産 Feed production　ゲップ Cow burps

何食べる？ わたしと地球によいごはん

毎日の食事は地球環境に大きく影響しているといわれています。環境によい食事とはどんなものか？ 環境のために食べたいものをがまんしつづけることはできるのか？ 毎日の食と地球環境のつながりをひもときながら、これからの新しい食の形を考えてみましょう。

科学コミュニケータートーク

科学コミュニケーターのおこなうイベントに「科学コミュニケータートーク」があります。これは「人や暮らし」「地球や宇宙」といったさまざまな題材からテーマを決めて来館者といっしょに考えていくもの。右上は、「何食べる？」というテーマの際に科学コミュニケーターが食材ごとの温室効果ガスの排出量のちがいを示そうと、準備した資料。牛のゲップも原因のひとつになっていることを来館者に解説。■は、そのときの話の例です。

このように、科学コミュニケーターは、いろいろなテーマにあわせて科学の現状をわかりやすく語り、来館者と話しあいます。

開館日に毎日開催される科学コミュニケータートークは、入館料のみ、事前予約なしでだれでも参加できる。

1日科学コミュニケーター体験

「科学コミュニケーターって何をする人だろう？　科学でコミュニケーションをする人？　科学とコミュニケーションをする人？　それとも……。考えれば考えるほどわからなくなるものです」

これは、小学生を対象にしたイベント「1日科学コミュニケーター体験」を実施した科学コミュニケーター、清水菜々子さんの言葉です。1日だけ科学コミュニケーターとして活動した参加者は、科学コミュニケーターのしごとについてどのように理解したのでしょうか。子どもたちは、ユニフォームを着て、楽しく誇らしげに、次の2つのことに挑戦したといいます。

- 来館者に展示を正しく伝えること
- 問いかけをして来館者の考えを聞くこと

このページの写真は、その日のようすです。
参加者のひとりは、「お客さんといっしょに科学について考えるために、科学コミュニケーターはまず、お客さんの考えをしっかり聞かないといけないんだね」と話しました。

この日のイベントを終えた清水さんは、次のように話しました。

「わたし自身科学コミュニケーターとして働くいま、科学の成果や研究の現状などの客観的事実の伝え方と『あなたは～～についてどう考えますか？』という問いかけ方の両方を意識しながらいつも展示フロアに立つようにしています」

←展示について深く知り、自分が来館者に伝えたいことは何かを考える。

➡展示について、わからないことや疑問があればくわしく調べる。来館者に正しい情報を伝えることが大切。

展示フロアに出て対話にチャレンジする小学生。来館者の考えをていねいに聞きながら、いっしょに考えを深めていった。

❷展示やイベントの企画・制作

日本科学未来館では、常設展・特別展をはじめ、さまざまなイベントを開催。そのうらではいろいろな専門知識をもつスタッフが日々頭をひねっています。

「おもしろい展示」をつくる

先端科学技術の研究は、どれもみなすごいものばかりです。でも、研究をそのまま展示しても一般の人にはむずかしくてわかりません。そのため日本科学未来館では、研究の魅力を最大限に引きだし、だれもが楽しみながら科学技術を学べるような展示の「見せ方」や「体験のおもしろさ」を工夫しています。また、展示を通して来館者に感じてもらいたいことや、おこなってほしい行動などを具体的にイメージし、そのメッセージをより強くうったえるためにどんな展示にしたらよいかも考えます。

「HANAMOFLOR」
介護施設などでの運用をめざして開発が進められている、「子ども型見守り介護ロボット」とおしゃべり。

さまざまなスタッフ

日本科学未来館の展示は、8、9ページで見た科学コミュニケーターや各方面の研究者、そのほかいろいろなスタッフが企画ごとにひとつのチームになってつくりだします。

もとよりスタッフのなかには、デザインや映像、書籍、美術といったさまざまな分野の専門知識や技術をもつ人がいます。彼らは、科学コミュニケーターや研究者とともに展示の内容や方法などを議論しながら、みんなで展示をつくりあげます。また、関係各所との窓口となって調整をしたり、スケジュール管理をおこなったりする役割のスタッフもいます。

●展示ができるまで

リサーチ
科学コミュニケーターやスタッフが最先端の研究結果について調査

↓

展示のテーマやタイトルを設定

↓

展示方法を考える
展示フロアのどこに、何を、どのように配置するかなどを、話しあいながら決定する

↓

展示の制作、設営
展示物や解説パネルなどをつくり、設置。その途中で展示評価＊をおこない、よりよいものにしあげていく

↓

展示を公開！

＊「展示評価」とは、公開前に関係者などを招待して展示を体験してもらって意見をもらうこと。その結果を展示に反映して最終的な微調整や修正をおこなう。

「スーパーへGO！」
足に重りをつけて、お店まで買い物。老化によるからだの動きや姿勢の変化を体験できる。

この写真は「老い（老化）」を疑似体験できる「老いパーク」。ここは、子どもたちにもっとも人気のある展示のひとつ。だれにでもやってくる「老い（老化）」について考えられるようにさまざまな工夫がほどこされている。

運動器の老化

老化したら、どうす

テクノロジーで
身体の動きを助ける

「おつかいマスターズ」
脳が老化すると、記憶力、処理速度、注意力が低下する。その状態を疑似的に体感しながら、おつかいにチャレンジ。

小惑星探査機はやぶさ2

スタッフたちの会議では、リサーチの結果やそれぞれが考えたアイデアなどを出しあう。よりよい展示方法や表現のしかたなどをめぐって、ときにはげしい議論になることもあるという。

イベントの開催

科学技術と社会や自分との関係を来館者が自ら考えられるように、日本科学未来館では展示を見るだけでなく、体験することを大切にしてきました。ワークショップ（→まめ知識）などのアクティビティをはじめ、トークイベント、ガイドツアーなど、来館者が参加できるさまざまなイベントをおこなうのもそのためです。

また、これらのイベントは国内外のさまざまな研究組織と協力したり、外部の専門家と協働したりしておこなわれます。

未来館のスタッフは、科学技術にかかわるさまざまな立場の人たちが対話し、未来社会への課題を考える「科学コミュニケーション」を実践する場を積極的につくってきました。

ワークショップ 展示フロアで使われている木材を展示の終了後にどのように再利用できるか、実物の7分の1サイズの積み木を使って考えるワークショップ。

ガイドツアー 常設展の見どころを紹介。手話や、多言語の自動翻訳システムを使用。

ワークショップ かんたんなプログラミングを通してロボットが動くしくみを体験できる。

まめ知識

ワークショップ

最近よく聞くようになった「ワークショップ」という言葉はもともと英語のworkshopからきたもので、「作業場」「仕事場」という意味だ。それがいまでは、「あるテーマにしたがって、みんなが主体的に課題を体験しながら学ぶ場所」という意味で使われるようになった。全国の科学館でも、さまざまなテーマで小学生や中高生向けのワークショップを実施。参加者がそれぞれの課題についてより深く学び、主体的に考え、表現する機会を提供している。

Miraikan ビジョン 2030

日本科学未来館は2021年4月、2030年に向けた新たな方針として、「Mirai can_!」を
スローガンとしてかかげる「Miraikan ビジョン 2030」を発表しました。

実現のための5つの取り組み

「Miraikan ビジョン2030」のなかで、日本科学未来館は「年代や国籍、障害の有無などに関係なくあらゆる人が参加してアイデアや取り組みを生みだし、わたしたちの未来をつくりだすプラットフォーム[*1]になることをめざす」と宣言。そのための具体策として、次の5つの取り組みを示しました。

① 人の未来を考える
② 未来をつくる
③ みんなでつくる
④「未来をつくる人」をつくる
⑤ サステナビリティ[*2]とアクセシビリティ
（→p20）

未来館は、この指針にそって2023年11月、常設展を7年ぶりに大きくリニューアル。未来社会に向けたプラットフォームになることをめざして公開したのが、老いをテーマにした「老いパーク（→p10、11）」、ロボットとの暮らしを考える「ハロー！ロボット（→p4）」と「ナナイロクエスト-ロボットと生きる未来のものがたり」、地球環境をあつかった「プラネタリー・クライシス（→p5）」です。

[*1] システムやサービスを動かすための土台となる環境のこと。
[*2] 地球や人類が将来にわたって続けていけるようにするということ。近年、気候変動やエネルギー問題などの深刻な課題に対して、このままでは世界がやっていけなくなる（持続不可能）と心配されており、あらゆる分野でサステナビリティが求められるようになった。

Mirai can＿!
未来は、かなえるものへ。

「Miraikan ビジョン 2030」とともに発表されたスローガンでは、Miraikan の kanがcanとなっている。can は「できる」という意味があり、canのあとに続く空白には、みんなにかなえたい未来を想像してほしいという思いがこめられているという。

ロボットと生きる未来の社会を考える体験型の展示「ナナイロクエスト」。ここでは、ロボットが友達になったら？ 自分のしごとをロボットがかわってくれるとしたら？ 身体の一部がロボットになって新しい能力が手に入ったら？ など、さまざまな問いかけとともに未来の物語を体験できる。

職員ファイル①

中尾晃太郎さん
（なかおこうたろう）

科学コミュニケーション室（かがく　しつ）

> しごと歴（れき）：2年（ねん）
> 大学で専攻した分野（だいがく　せんこう　ぶんや）：物理学（ぶつりがく）
> 子どものときの趣味（こ　しゅみ）：ギター、マンガ、読書（どくしょ）

●このしごとにつこうと思ったきっかけは？

大学で魅力的な研究と素敵な恩師との出会いがあり、科学の世界に夢中になりました。電機メーカーの技術開発を経験するなかで科学技術と社会とのつながりに興味をもち、社会のさまざまな立場の人が対話できる場をめざす未来館で働いてみたいと思ったのがきっかけです。

●実際に働いてみてどうですか？

展示をつくる際には長い時間をかけてさまざまなことを調べ、たくさんの情報を集めます。でも、ひとつの展示でそれらすべてを伝えようとすると、情報量が多すぎて本当に伝えたいことがわかりにくくなってしまいます。リサーチしたもののどこをどんなふうに切りだすかが、とてもむずかしいと感じます。

●しごとをする上で、大切にしていることは？

ワークショップやイベントには、毎回いろいろな方が参加されるのですが、「わかり方」や視点が人によってことなり、その多様さに驚かされます。展示を考えるときには、その先にいろいろな考え方をもつ人がいることをわすれないように気をつけています。

●やりがいを感じるのは、どんなときですか？

展示企画がスタートしたときは、何も決まっていない状態です。さまざまな可能性を模索し、回り道や寄り道、ときには後戻りをしながら少しずつ設計が進んでいきます。面倒くさそうに聞こえるでしょうか？　でも、チームで議論しながら展示が具体化されていくことに楽しさを感じます。

●日頃、どのようにしごとをしていますか？

ひとりで資料などを読みこんで1日が終わる日もあれば、チーム内外の関係者と1日中議論する日もあります。制作中の展示以外のことについても幅広く情報収集をしたり、同僚の科学コミュニケーターと話をして刺激をもらったりして、視点や考え方がかたよらないようにしています。

●子どものころの夢は？

将来の夢を明確にもったことはなく、興味の対象がコロコロとかわっていました。大学や会社で経験をつむなかで目標ができ、努力するうちにいまに至っています。

「わかり方」や視点は多様

◆イチオシの展示やイベントを教えてください。

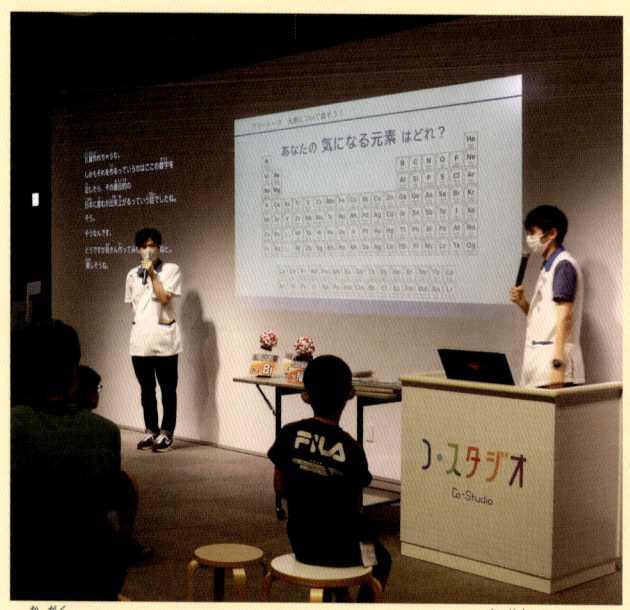

「科学コミュニケータートーク（→p8）」では、科学コミュニケーターが、AIや環境問題などのさまざまな題材について、わかりやすく楽しく伝えます。気になったことや質問があったら、トークが終わったあと、ぜひ話しかけにきてください。科学コミュニケーターとの対話を通して、科学の見え方がかわるような特別な体験ができるかもしれません。

「計算機と自然、計算機の自然」では、コンピューターがつくりだした「人工の自然」と「本物の自然」があわさった作品がいくつも展示されています。近年、コンピューターを使って、さまざまな自然を高い精度で再現できるようになりました。この展示を見て、科学技術の進歩の先にどんな未来があるか、いっしょに来た家族や友だちと話しあってみてください。

職員ファイル❷

平井元康さん
（ひらい もとやす）

科学コミュニケーション室

しごと歴：3年
大学で専攻した分野：高分子化学
子どものときの趣味：工作

● このしごとにつこうと思ったきっかけは？

自ら「問い」を立てて解決方法を考える探究学習に興味があり、以前は教育系の企業で働いていました。どうすれば「問い」を発見できるのか？ どうすれば対話を通して「問い」に対する解決策を考えられるのか？ そんなことを考えていくなかで、中学生のころに訪れた未来館を思いだし、「これだ！」と思いました。

● 実際に働いてみてどうですか？

「ロボットと友だちになれるかな？」「そもそも"老い"ってなんだろう？」など、未来館にはたくさんの「問い」が展示されていて驚きました。また、さまざまなバックグラウンドや考えをもつ同僚たちとの会話は、何気ない内容からでも「問い」がたくさん生まれて、毎日、頭がフル回転しています。

◆ イチオシの展示やイベントを教えてください。

● しごとをする上で、大切にしていることは？

イベントや展示であつかう「問い」の設計です。子どもも大人も考えやすい「問い」って？ 答える人のオリジナリティが出やすい「問い」って？ 思わずハッとしてしまうような「問い」って？ というように、答える人のことやその先に達成したいことを考えながら「問い」をデザインすることを心がけています。

● やりがいを感じるのは、どんなときですか？

同僚たちといっしょに考えた「問い」に、たくさんのアイデアが寄せられたときです。みなさん一人ひとりのなかに、その人だけのアイデアがあることを実感します。そのアイデアからまた新しい「問い」が生まれて、次の探究がはじまる瞬間は、ワクワクがとまりません。

● 日頃、どのようにしごとをしていますか？

展示フロアでお客様とお話ししたり、展示やイベントの制作に向けて同僚たちと会議をしたりしています。毎日いろいろな人と言葉を交わしていると、これまで自分だけでは気づかなかった新しい文化や背景、視点、考え方と出会います。それらを大切にしながらしごとをしています。

● 子どものころの夢は？

学校の先生です。もし今後学校の先生になることがあれば、科学コミュニケーションの視点も取りいれた授業ができるといいなと思います。

これは特別企画「地球飯」の展示です。地球飯とは未来館がつくった言葉で、地球環境にも人にもやさしいごはんのこと。写真手前のテーブルで、わたしはお肉や野菜などの食材ごとに、地球環境や人のからだへの影響をくらべています。奥のテーブルには、来館者が地球飯のアイデアを投稿できるコーナーをもうけています。食品ロスなど、いろいろな観点の意見が集まっていて、見るのも考えるのも楽しいです！

「プラネタリー・クライシス（→p5）」の展示に向けて、太平洋にある島国フィジー共和国で、海面上昇やサイクロンの影響を受けている方がたを取材してきました。写真は、現地で取材の準備をしているようす。左に見える石の柱のようなものは、海面上昇によって一部がしずんでしまったお墓です。フィジーの人びととはそこで何を思っているのか、これからどのような行動をとっていくのか。ぜひ一度、地球のいまを感じてみてください。

小林沙羅さん
こばやしさら

科学コミュニケーション室／アクセシビリティ推進プロジェクト

しごと歴：4年
大学で専攻した分野：生物学
子どものときの趣味：絵、本、生き物、恐竜

●このしごとにつこうと思ったきっかけは？

未来館に来る前は、研究施設の広報につとめたあと、サイエンスイラストレーターという科学や研究のことを絵にするしごとをしていました。イラストをかくのも楽しかったのですが、いろいろな背景をもつ人たちとコミュニケーションをとりながら何かをつくる経験をしてみたいと思ったのがきっかけです。

●実際に働いてみてどうですか？

いろいろな人といっしょにしごとをすると、自分では気づけなかったアイデアにふれることができます。そこからまた新しいアイデアが生まれてくるのが、とてもおもしろいです。一方で、自分のやりたい企画を実現させるには、たくさんの人に納得してもらう必要があり、企画の内容を魅力的に伝える力が試されます。

◆イチオシの展示やイベントを教えてください。

「文字と絵で伝えあう展示ツアー」は、熱を入れて企画開発と実施にたずさわっているので、多くの人に見ていただきたいです！
このツアーでは、その名前のとおり音声を使わずに、文字や絵、手話などで意見を伝えあいながら展示をまわります。声に出した言葉をすぐに文字に変換できる「See-Through Captions」や手話通訳など、さまざまなコミュニケーションの方法にふれることができ、発見が盛りだくさんです！

●しごとをする上で、大切にしていることは？

人との関係を大切にしています。だれかと接するときは、敬意をもっていねいに相手の背景をさぐることを心がけています。それから、ひとりで思いつめるとまわりのことが見えなくなってしまうので、肩の力を抜いて、笑顔でいられるような時間をつくるようにしています。

●やりがいを感じるのは、どんなときですか？

さまざまな背景をもつ多くのお客様と話をするのが、とても楽しいです。また、展示をつくるときには研究者やデザイナー、翻訳者などたくさんのスタッフたちと長期的にかかわれるのがうれしいです。そうした出会いやかかわりのなかで、自分の世界がどんどん広がって豊かになっていくのを感じられるのが、このしごとの魅力だと思っています。

●日頃、どのようにしごとをしていますか？

新しい展示やイベントの企画を考えたり、文章を書いたりと、デスクワークが多いです。また、企画を進めるときには、いいものができるようにチームの人たちと話しあいを重ねます。また、展示フロアでお客様と対話したり、ワークショップや展示ツアーなどのイベントで現場に出たりする日もあります。

●子どものころの夢は？

恐竜に夢中だったころは古生物学者になりたいと思っていました。高校生以降はやりたいことがわからなくなってしまい寄り道をしましたが、その経験こそがいまの自分をつくっていると思っています。

「老いパーク（→p10、11）」も企画・リサーチにたずさわったので、ぜひおすすめしたい展示です。老化の疑似体験コンテンツはもちろん、「老いって何歳から？」など、老いに関するさまざまな問いに答えるコーナーにも立ちよってみてください。家族や友だちなど、いっしょに展示を見た人と自分との「老い観」のちがいに気づけるかもしれません。

職員ファイル④

三ツ橋知沙さん

科学コミュニケーション室

しごと歴：19年
大学で専攻した分野：植物分子生物学
子どものときの趣味：特撮を見ること、パズル、読書

おもしろい、興味深い、ワクワクすること

このしごとにつこうと思ったきっかけは？

大学時代に研究した遺伝子組換え食品に関連したいろいろな報道を目にするなかで、みんなの考えを知りたいと思いました。そして、遺伝子組換え技術について、ひとりでも多くの人に伝えることを通じて、科学技術は社会とどのようにかかわっていくのがよいのか、自分はどのようにかかわっていきたいのか、みんなといっしょに考えたいと思ったからです。

実際に働いてみてどうですか？

さまざまな考え方にふれることができ、とても興味深いです。また、未来館では、わたしが大学で学んだ分野以外の科学技術も取りあげているので、専門外の先端研究について知ることができ、たくさんの発見や学びがあります。働いてみて、わたし自身の視野がとても広がりました。

しごとをする上で、大切にしていることは？

楽しむことを大切にしています。この「楽しむ」というのは、おもしろい、興味深い、勉強になる、ワクワクする、考えさせられる、全部です。はじめは少しいやだな、たいへんそうだなと思っていても、はじめてみるとだいたいのことは楽しくなります。

やりがいを感じるのは、どんなときですか？

心をゆさぶったり、モノの見方を広げたり、新しい価値にふれられるものをお客様に届けられることにやりがいを感じます。また、発見したり気づいたりしたとき、お客様自身の言葉で教えていただいたときや、研究者といっしょに実施した取り組みが論文やプロダクトなど何かの形になったときには楽しくて、だれかのためになるしごとができてよかったなと感じます。

日頃、どのようにしごとをしていますか？

デスクワークが多いです。複数のプロジェクトを同時に進めているので、メンバーとこまめにコミュニケーションをとるようにしています。また、いっしょにしごとをしている研究者の活動もできるかぎりフォローし、未来館でしかできないことを提案できるように心がけています。

子どものころの夢は？

将来の夢というわけではありませんでしたが、弁護士ってかっこいいなと思っていました。

◆イチオシの展示やイベントを教えてください。

これは「PCRってなに？〜アスパラガスの遺伝子をしらべよう〜」というイベントのようすです。アスパラガスからDNAを取りだして、見た目ではわからないちがいを調べます。同じアスパラガスを使って実験したのに、結果がことなることも。研究者になったつもりで、実験結果から何がいえるのかをみんなで話しあう時間は、とても盛りあがります。

これは、ふつうは目で見ることができない放射線の通ったあとを、白い霧として観察できる「霧箱」という装置です。5階の常設展示「ニュートリノから探る宇宙」のなかにあります。自然界に存在する放射線（自然放射線）が生まれては消えていく軌跡を見ることで、宇宙や地球、二度とこない「いま」という瞬間を感じられます。

❸研究エリア

日本科学未来館のなかには、「研究エリア」とよばれる最先端の研究をおこなう外部プロジェクトチーム＊の研究室があります。ここは、見学ツアーなど、一般の来館者が研究者とコミュニケーションする機会を定期的にもうけています。未来館ならではの、めずらしい取り組みです。

＊外部プロジェクトチームは、日本科学未来館が募集して採用する。

ガラス張りの部屋

　日本科学未来館の3階から5階までの展示フロアの通路の奥には、いくつもの研究室がならび、外部プロジェクトチームが研究をおこなっています。

　そこは壁がガラス張りになっていて、外から研究者の活動のようすが見えるようになっています。一般の研究所や大学の研究室とは、まったくことなっています。それもそのはず、ここは科学館であり、ミュージアム。研究者たちは日本科学未来館で科学コミュニケーション活動をおこなうことになっています。そうすることが、未来館の研究エリアに入居する条件のひとつ。その目的は、日本の先端科学技術の研究現場を広く公開することです。

研究室の内観。研究や実験のための機械などを自由に設置できる。

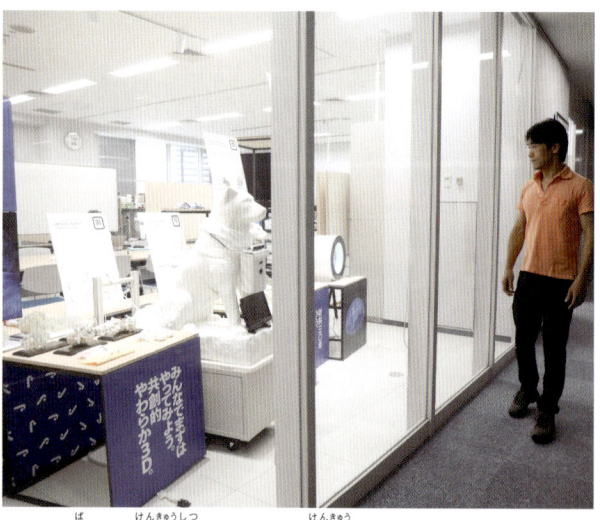

ガラス張りの研究室がならんだ研究エリア。
なかが見えることで、研究者にとっては情報発信が、来館者にとっては先端科学技術の研究現場の見学ができる。

「こどもから見る不思議世界探求」プロジェクト

　この外部プロジェクトチームでは、「大人の知らないこどもの不思議な世界」を探求するという研究をおこなっています。たとえば赤ちゃんから見た世界は、大人にたとえると宇宙のようになぞの広がる世界です。それがどんなものかを実験により明らかにし、赤ちゃん（子ども）の視点から世界を見るという試みです。

　この研究の目的は、赤ちゃん（子ども）が育つ環境をとらえなおすこと。また、未来社会における個人にあった発達のための環境づくりについて考えること。研究者は、来館者、とくに子どもをつれた親に対し、未来を生きる子どもにとってどのような環境が最適かをさぐるため、いろいろな実験やイベントをおこなっています。

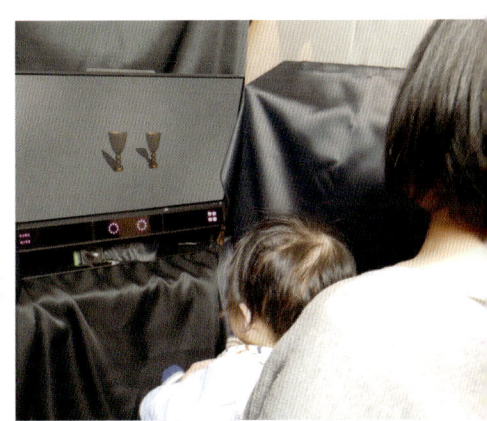

赤ちゃんの視覚に関する実験に参加した親子。赤ちゃんが大人とはことなる世界を見ていることに気づくことができる。

「運動能力開発・拡張」プロジェクト

　このプロジェクトでは、人間の身体と運動のしくみを解明するため、最先端の科学技術を使って研究をおこなっています。その目的は、科学によって人間の内に秘められた身体能力を引きだす方法をさぐること。歩く・走る・とぶ・投げるなどの運動に関してさまざまな計測をおこない、人の動きを向上させる方法の開発や動きをサポートする機械の製作、人型ロボットへ応用するための研究などを進めています。

　来館者は、自分の運動能力を計測したり、チームの開発した装置やロボットの実演に参加したりすることができます。

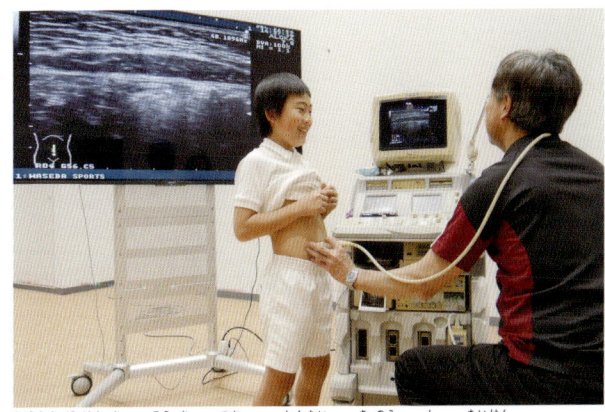

超音波検査の装置を使って身体の機能を知る体験イベント。子どもたちに最先端の技術を体験してもらうことで、科学の世界で活躍する人材を育成するきっかけにしたいという。

未来館とアクセシビリティ

日本科学未来館がいまとくに力を入れているのは、アクセシビリティ。外部の企業や大学とともに視覚障害者の未来の生活を支えるアクセシビリティ技術の研究開発もおこなっています。「アクセシビリティ」は、英語のAccessibility。どういうことでしょうか。

アクセシビリティの意味

「アクセシビリティ」は、もともと「近づきやすさ」「利用のしやすさ」「便利であること」などと訳される言葉です。

近年では、すべての人にとって便利な（インクルーシブ）未来社会の実現をめざすといった目的でつかわれるようになり、「アクセシビリティ技術」は、すべての人が利用しやすい、便利な技術をあらわす言葉となりました。

未来館の試み

日本科学未来館では、これまで建物や展示のバリアフリー化を推進することでアクセシビリティの向上に取りくんできました。いまではさらに一歩進めて、多様な人が楽しめる展示ツアーや、五感を使って体験できる展示を企画するなど、新たなアクセシビリティの形を体験できる取り組みをおこなっています。

左の写真は、その例です。

「未来館アクセシビリティラボ」

日本科学未来館は2021年、AIやロボット技術を応用したアクセシビリティ技術を開発する「未来館アクセシビリティラボ*」を設置。視覚障害者がまちを自由に移動し、身のまわりの情報を認識し、自立して生活するための技術の開発をおこなっています。また、それらの技術の社会実装などに力を入れています。「社会実装」とは、このラボで生まれた研究成果を、社会問題を解決するために応用、展開するということです。

ここでは、こうした技術を来館者に体験してもらう取り組みもおこなっていますが、それは、来館者に未来社会の可能性や課題を考えてもらうことで、社会実装をうながすねらいがあるといいます。

*「ラボ」は「ラボラトリー（laboratoty）」の略語で、実験室や研究室をさす言葉

国や地域別の二酸化炭素の排出量をあらわした展示。ボールの大きさや重さでちがいを体感できる。

AIスーツケース

未来館アクセシビリティラボが開発している「AIスーツケース」とは、視覚障害者のためのナビゲーションロボットのことです。 見た目は市販のスーツケースとかわりませんが、周囲を認識しながら人や障害物を回避し、目的地まで安全に誘導してくれます。 館内で使用する場合は、ナビゲートしている途中で「目的地となる展示はどんな内容か」や「通路がせまいので注意するように」などといった音声アナウンスが流れるようになっています。

さまざまなセンサーやモーターが取りつけられているAIスーツケース。実用化に向けて屋内外で実証実験を進めている。

浅川智恵子館長の想い

日本科学未来館の館長をつとめる浅川智恵子さんは、小学生のころにあった事故がきっかけで視力を失いました。その後、プログラミングを学び、外資系の大手IT企業に就職。先端技術を活用した視覚障害者の問題解決に取りくんできました。

浅川館長は、未来館が「年齢や国籍、障害の有無といったちがいに左右されることなく、あらゆる人が立場や場所をこえてつながる場」になることをめざしています。下の写真は、自身が未来館アクセシビリティラボで開発している自律型ナビゲーションロボット「AIスーツケース」を使用して館内を移動する浅川館長です。

職員ファイル⑤

王 溪月さん
（ワン　シュエ）

科学コミュニケーション室

> しごと歴：3年
> 大学で専攻した分野：システム情報科学
> 子どものときの趣味：ゲーム

●このしごとにつこうと思ったきっかけは？

大学院では地震や津波で被災した子どもたちのためのおもちゃを開発していました。あるとき国際学会で浅川智恵子館長の講演を聞いて、未来館のなかにアクセシビリティラボがあることを知りました。わたしの研究してきた技術が障害のある人びとの役に立つかもしれないと思い、卒業後ここで研究を続けていくことを決めました。

●実際に働いてみてどうですか？

視覚障害だけでなく、さまざまな分野に精通した科学コミュニケーターと直接話ができることで、視野が広がりました。また、開発したものが研究の枠にとどまらず、館内や視覚障害者向けのツアーで実際に使用されているのを見ると、とてもうれしいです。

●しごとをする上で、大切にしていることは？

自分が開発した技術に責任をもつことです。開発中のものを視覚障害のある方に使ってもらう実証実験をおこなうので、安全なことはもちろん、安心して使ってもらえることを第一に考えています。また、よりいいものをつくるためには、メンバーと知識や意見を共有することも大切だと思っています。

●やりがいを感じるのは、どんなときですか？

視覚障害のある方が、わたしたちの技術をよろこんでくれるときです。ときには機械の改善点がくわしく書かれたメールを受けとることもあります。わたしたちの技術に関心をもってくれることがとても励みになりますし、また、貴重なご意見をいただけることに感謝しています。

●日頃、どのようにしごとをしていますか？

研究論文を読んで新しいアイデアを考えたり、プログラミングや開発をおこなったりと、ひとりで集中しておこなう作業が多いです。気分転換に展示フロアにいき、展示物を見たり人と話したりして、新鮮な視点を得るようにしています。

●子どものころの夢は？

ゲームクリエイターになりたくて、美術大学に通いました。大学時代に独学でプログラミングを学んだところ、すっかり魅了されて、いまの道に進みました。

浅川館長の講演を聞いて

◆イチオシの展示やイベントを教えてください。

これは、視覚障害者向け展示ツアー「さわってわかる宇宙ステーションのくらし」のなかで使用される国際宇宙ステーション（ISS→p5）の3D模型。わたしが3Dプリンタで作成したもので、ISSを細かい部分まで再現しています。つくりは繊細で複雑ですが、たくさんさわってもこわれないよう工夫しています。ツアーでは、これ以外にもさまざまな模型や宇宙食などにふれて、視覚障害のある方が宇宙での生活を体感できるようになっています！

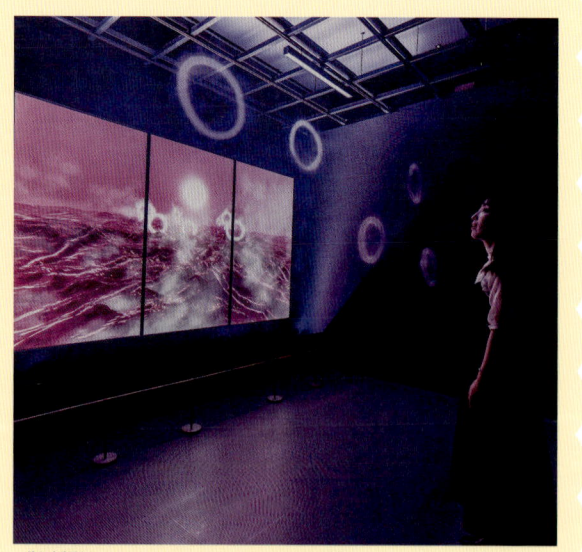

「零壱庵」では、テクノロジーを使ったアートを展示。写真は、装置から飛びだした霧のリングがスクリーンにぶつかってデジタルにかわり、映像のなかで太陽に向かっていく「太陽の通り道」という作品です。スクリーンのなかのリングが空中で形をかえたり、2つのリングがあわさったりするようすは人工的につくられたものですが、まるで自然現象のよう。自然とは何かを考えさせられます。

日本科学未来館の職員になるには？

ここでは、日本科学未来館で働く方法とその後の働き方について紹介します。日本科学未来館は、国立研究開発法人科学技術振興機構（JST）*が運営する施設です。そのためJSTが職員の募集をおこなっています。

どうすれば職員になれるの？

- 日本科学未来館の職員は、職種ごとに募集がおこなわれます。

  - 科学コミュニケーター（→p8）
  - 展示やイベントの企画・制作をおこなう職員（→p10）
  - デジタル・オンラインサービスの開発や運用をおこなう職員
  - 運営管理など未来館の運営にかかわる職員

- 科学コミュニケーターは経験を問わず、また、大学卒業相当の資格があれば文系・理系どちらを専攻したかにかかわらず応募が可能とされていますが、そのほかの職種では、それぞれの業務の経験や能力が必要です。
- 採用されるまでには書類選考と数回の面接に合格しなければなりません。科学コミュニケーターは面接に加えて筆記試験もあります。
- くわしいことは、日本科学未来館の公式ホームページで公開されている応募要項に書かれています。
- 募集時期は不定期で、募集内容も時期によってかわることがあるので、ホームページをしっかりと確認しておく必要があります。
- なお、右のチャートは、大学・大学院を卒業してから日本科学未来館で活躍するまでのイメージです。

*日本の科学技術を発展させて社会を豊かにするため、研究開発や実用化への支援、小中高校生をふくむ研究者の育成などをおこなっている公的機関。

職員になったら

- 科学コミュニケーターとして採用された人は、一定期間はおもに展示フロアで研修をおこないます。展示物に関する基本的な知識や来館者との対話の技術などを学びます。
- 研修が終わるとチームに参加して、展示やイベントの企画など、さまざまな業務をおこなうようになります。
- いずれの職種も勤務地は、日本科学未来館。休みは、週に2日で、開館スケジュールにあわせて職員が交代で勤務します。

●なるにはチャート（おもなもの）

大学・大学院などを卒業

↓

民間企業や研究機関などで各分野の技術や専門知識を身につける

↓

国立研究開発法人科学技術振興機構の採用試験に合格

↓

日本科学未来館で活躍！

講師をまねいておこなった科学コミュニケーターの研修。科学技術に関する動向や最新の研究などについて学ぶ。

ロボットの歴史

日本科学未来館ではこれまでも、また、いまも、「最先端技術を駆使したさまざまなロボット」や「すさまじいスピードで進化するロボット」を展示しています (→p4)。ここでは、この本を編集した「こどもくらぶ」が過去につくった書籍（→下）をもとに、ロボットの歴史をまとめてみます。

●そもそも「ロボット」とは

フランスの小説家ヴィリエ・ド・リラダンが1886年、『未来のイブ』を発表。そこに登場する「美女機械人間・アダリー」こそが、いまでいう「人型ロボット」のはじまりでした。また「ロボット」という言葉は、チェコの劇作家カレル・チャペックが、1920年に発表した作品『ロッサム万能ロボット製造会社（R.U.R.）』に登場したのが最初でした。

1950年、SF作家アイザック・アシモフが『われはロボット』のなかで「ロボット工学三原則*」を提唱。日本では、1950年ごろからロボットはマンガやアニメにどんどん登場します。右は、その例です。

世界ではロボットが登場する小説や映画などもつくられはじめます。なかでも世界的に有名なのが、1977年に公開されたジョージ・ルーカ

ス監督の映画「スター・ウォーズ」や、1985年のジェームズ・キャメロン監督の映画「ターミネーター」。このようにロボットは現実よりも先に物語の世界でふつうになっていきました。

1952年	手塚治虫のマンガ『鉄腕アトム』連載開始。
1956年	横山光輝のマンガ『鉄人28号』連載開始。
1970年	藤子・F・不二雄のマンガ『ドラえもん』連載開始。
1972年	永井豪のマンガ『マジンガーZ』連載開始。
1979年	富野喜幸監督の「機動戦士ガンダム」テレビ放送開始。
1995年	庵野秀明監督の「新世紀エヴァンゲリオン」テレビ放送開始。

＊ロボットが従うべき3つの原則（①人間に危害を加えてはならない ②人間の命令に従わなくてはならない ③自身を守らなければならない）。のちのロボット工学に大きな影響をあたえた。

こどもくらぶが作成した過去の書籍（○がASIMO）

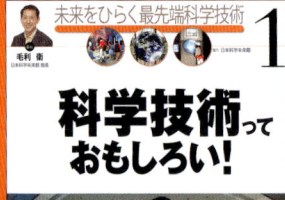

『めざせ！21世紀の国際人4「産業技術」につくした日本人』くもん出版

『世界にはばたく日本力 日本の技術』ほるぷ出版

『未来をひらく最先端科学技術1 科学技術っておもしろい!』岩崎書店

『見学！日本の大企業 ホンダ』ほるぷ出版

※24〜29ページは、こどもくらぶが責任編集したページです。

●現実社会のロボット開発

　一方、現実の世界のロボットは、14〜16世紀のルネッサンス時代、ヨーロッパで自動人形（オートマタ）が製作されたことにはじまります（日本では「からくり人形」とよばれる）。その後、世界のロボット開発は次のような歴史をたどりました。

細川半蔵頼直の著書『機巧図彙』のなかにある設計図をもとに復元された茶運び人形。人形の手に茶わんをおくと動きはじめ、茶わんを取るととまる。

1738年	フランスのジャック・ド・ヴォーカンソンがエサを食べてフンをする「からくりアヒル」を製作。
1773年	スイスのジャケ・ドロス父子が「文字書き人形」「オルガンをひく少女」をつくる。
1796年	細川半蔵頼直が「茶運び人形」などのからくり人形の技術を本にまとめる。
18〜19世紀	時計技術を応用してつくった自動人形がヨーロッパで流行。
1964年	早稲田大学の加藤一郎教授が人型二足歩行ロボットの開発をはじめる。
1973年	つくば科学万博に早稲田大学が開発した下半身だけの二足歩行ロボットが登場。世界初の人型知能ロボット「WABOT-1」誕生。
2000年11月	横浜で「ROBODEX2000」が開催され、異彩を放ったのが本田技研工業（ホンダ）の人型ロボットASIMO。身長120cm。その姿は子どもの宇宙飛行士。2本の足でスムーズに歩きながら登場し、手をふって歓声にこたえる。両手を前にのばしてていねいにおじぎをする。なめらかにダンスのステップをふむ。その愛らしさが国内外のマスコミに取りあげられ、人びとを驚かせた。
2000年代はじめ	本格的な人型ロボットがぞくぞく登場。警備用、災害救助用、介護用など、さまざまな実用ロボットの開発が進んだ。

『未来をひらく最先端科学技術5
ロボットと人は友だちになれるの？』
岩崎書店

●「ASIMOプロジェクト」

20世紀に入り、1980年代が「パソコンの時代」、1990年代が「インターネットの時代」、2000年代最初の10年間は「ロボットの時代」になるだろうといわれていました。

手塚治虫さんが1951年に『鉄腕アトム』を発表。物語のなかでアトムの誕生は2003年4月と設定されました。アトムは気がやさしくて力持ちな、人間の友だち。人間にかわって、あらゆるしごとをする。また人間を助けて戦う。そんな人型ロボットを現実の世界でつくろうとしたのが、「ASIMOプロジェクト」でした。

産業用ロボット

「産業用ロボット」は、人間にかわって工場などで溶接や機械組み立てなどの作業をするロボットのこと。人の形をしていませんが「ロボット」といわれています。そのはじまりは1962年、アメリカのユニメーション社とAMF社が、それぞれ「ユニメート」「バーサトラン」という産業用ロボットを発売したことによります。

また、日本でも1969年に川崎航空機工業（現在の川崎重工）が初の国産産業用ロボット「川崎ユニメート」の生産を開始。1980～1990年代には、産業用ロボットが急速に広がりました。

日本科学未来館で活躍していたASIMO

2002年

ASIMOの日本科学未来館への「入社式」がおこなわれ、初代館長の毛利衛さんから「展示解説員」の辞令が手渡された。

2014年

海外からの賓客にも、科学コミュニケーターとしてお出迎え。アメリカからオバマ大統領が来訪した際には、得意のキックでボールをパスするなど、楽しい時間となった。

●ASIMOの活躍

ASIMOが誕生すると全国の博物館や科学館、企業のショールーム、地域のイベントなどで、コンパニオンとして活動をはじめます。

「いらっしゃいませ」「ありがとうございました」などの言葉を話し、簡単な音声を聞きわけることができました。

日本科学未来館では、2002年1月13日から2022年3月31日までの20年にわたり、大活躍。総出演回数1万5787回！ のべ200万人の来館者と接しました。アメリカのオバマ大統領やドイツのメルケル首相など、外国からの多くのお客様を迎えました。

AIBO

20世紀の終わりごろから電子機器メーカーのソニーは、身ぶり手ぶりでよびかけにこたえたり、人間と豊かなコミュニケーションをとったりする「パートナーロボット」の開発をしていました。その結果完成したのが、身長50cmの人型ロボット「SDR-3X」やペット型のロボット「AIBO」。ホンダは、ASIMOを商品化はしませんでしたが、ソニーがAIBOを商品化。多くの人たちにかわいがられました。

日本科学未来館もAIBOを展示。その後、どんどん進化したものが登場しました。

いま、最新型の「aibo」にはAIが活用され、ふれあいを重ねることで性格やふるまいが変化し、個性をもつまでに進化。ほかのロボットたち（→p4）といっしょに「ハロー！ ロボット」のコーナーで来館者とふれあっています。

2022年

特別イベント「THANK YOU ASIMO! ～未来館卒業おめでとう」を実施。卒業を記念して、2代目館長・浅川智恵子さん（→p21）から感謝状が手渡された。

まだまだあるよ 全国科学館リスト

ここでは、本部が日本科学未来館内にある全国科学館連携協議会に加盟する全国の科学館・科学施設を紹介します。見るだけでなく、ふれたり聞いたり、さまざまな感覚や器官を使って科学のおもしろさや不思議を体験できるところがたくさんあります。なお、このリストもこどもくらぶの責任編集となります。

都道府県	科学館名	住所	電話
北海道	旭川市科学館「サイパル」	078-8391 旭川市宮前1条3-3-32	0166-31-3186
	厚岸町海事記念館	088-1151 厚岸郡厚岸町真栄3-4	0153-52-4040
	小樽市総合博物館	047-0041 小樽市手宮1-3-6	0134-33-2523
	帯広市児童会館	080-0846 帯広市緑ケ丘2	0155-24-2434
	釧路市こども遊学館	085-0017 釧路市幸町10-2	0154-32-0122
	札幌市青少年科学館	004-0051 札幌市厚別区厚別中央1条5-2-20	011-892-5001 ❶
	滝川市こども科学館	073-0033 滝川市新町2-6-1	0125-22-6690
	DENZAI環境科学館	051-0015 室蘭市本町2-2-1	0143-22-1058
	苫小牧市科学センター	053-0018 苫小牧市旭町3-1-12	0144-33-9158
	はこだてみらい館	040-0063 函館市若松町20-1 キラリス函館3階	0138-26-6000
	北網圏北見文化センター	090-0015 北見市公園町1	0157-23-6742
	北海道立オホーツク流氷科学センター	094-0023 紋別市元紋別11	0158-23-5400
	妹背牛町郷土館	079-0500 雨竜郡妹背牛町字妹背牛247	0164-32-2525
	余市宇宙記念館	046-0003 余市郡余市町黒川町6-4	0135-21-2200
	りくべつ宇宙地球科学館	089-4301 足寄郡陸別町字遠別	0156-27-8100
	稚内市青少年科学館	097-0026 北海道稚内市ノシャップ2-2-16	0162-22-5100
青森県	青森県立三沢航空科学館	033-0022 三沢市大字三沢北山158	0176-50-7777
	エネルギー館 あしたをおもう森	030-0803 青森市安方1-1-40 アスパム2階	017-773-2515
	八戸市視聴覚センター・児童科学館	031-0001 八戸市類家4-3-1	0178-45-8131
	むつ科学技術館	035-0022 むつ市関根字北関根693	0175-25-2091
岩手県	奥州宇宙遊学館	023-0861 奥州市水沢星ガ丘町2-12	0197-24-2020
	久慈琥珀博物館	028-0071 久慈市小久慈町19-156-133	0194-59-3831
	久慈地下水族科学館 もぐらんぴあ	028-7801 久慈市侍浜町麦生1-43-7	0194-75-3551
	二戸シビックセンター 田中舘愛橘記念科学館	028-6103 二戸市石切所字荷渡6-2	0195-25-5411
	盛岡市子ども科学館	020-0866 盛岡市本宮字蛇屋敷13-1	019-634-1171
秋田県	秋田県児童会館	010-0955 秋田市山王中島町1-2	018-865-1161
	自然科学学習館	010-8506 秋田市東通仲町4-1	018-887-5330
	TDK歴史みらい館	015-0402 にかほ市平沢字画書面15	0184-35-6580
	フェライト子ども科学館	018-0402 にかほ市平沢字宝田4-1	0184-32-3150 ❷
宮城県	スリーエム仙台市科学館	981-0903 仙台市青葉区台原森林公園4-1	022-276-2201
	仙台市天文台	989-3123 仙台市青葉区錦ケ丘9-29-32	022-391-1300
山形県	山形県産業科学館	990-8580 山形市城南町1-1-1 霞城セントラル内 低層棟2-4階	023-647-0771
福島県	郡山市ふれあい科学館	963-8002 郡山市駅前2-11-1 ビッグアイ20-24階	024-936-0201
	福島市子どもの夢を育む施設 こむこむ館	960-8044 福島市早稲町1-1	024-524-3131
	ふくしま森の科学体験センター ムシテックワールド	962-0728 須賀川市虹の台100	0248-89-1120
茨城県	大洗わくわく科学館	311-1305 東茨城郡大洗町港中央12	029-267-8989
	原子力科学館	319-1112 那珂郡東海村村松225-2	029-282-3111
	つくばエキスポセンター	305-0031 つくば市吾妻2-9	029-858-1100 ❸
	日立シビックセンター科学館	317-0073 日立市幸町1-21-1	0294-24-7731

※この表は、都道府県別、50音順になっている。データは2024年10月現在。

札幌市青少年科学館は、2024年4月のリニューアルオープンにともない、氷点下30℃の世界が体験できるなど、積雪寒冷地である北国の科学館ならではの展示を新設。科学の不思議にふれ、想像力を育む体験型の展示物が充実している。

「フェライト」は、日本生まれのさまざまな電子機器に使われる素材（磁性材料）。写真は、巨大なスピーカー。来館者は、磁石を近づけると音楽が聞こえて遠ざけると聞こえなくなるといった不思議な体験を通じて、スピーカーのしくみを学んでいくという。

つくばエキスポセンターは、筑波研究学園都市の中心部にある科学館。科学者たちがどんなことをしているのか、そのしごとに焦点をあてた展示「サイエンスワーク〜科学者のしごと〜」が特徴的。

都道府県	科学館名	住所		電話
栃木県	大田原市ふれあいの丘天文館	324-0024	大田原市福原1411-22	0287-28-3254
	栃木県子ども総合科学館	321-0151	宇都宮市西川田町567	028-659-5555
群馬県	ぐんまこどもの国児童会館	373-0054	太田市長手町480	0276-25-0055
	高崎市少年科学館	370-0065	高崎市末広町23-1	027-321-0323
	向井千秋記念子ども科学館	374-0018	館林市城町2-2	0276-75-1515 
埼玉県	春日部市中央公民館	344-0061	春日部市粕壁6918-1	048-752-3080
	川口市立科学館	333-0844	川口市上青木3-12-18	048-262-8431
	（サイエンスワールド）			
	越谷市科学技術体験センター ミラクル	343-0857	越谷市新越谷1-59	048-961-7171
	埼玉県防災学習センター	369-0131	鴻巣市袋30	048-549-2313
	埼玉県立川の博物館	369-1217	大里郡寄居町小園39	048-581-7333
	埼玉県立総合教育センター	361-0021	行田市富士見町2-24	048-556-6164
	所沢航空発祥記念館	359-0042	所沢市並木1-13	04-2996-2225
千葉県	浦安市青少年館	279-0004	浦安市猫実1-12-38	047-700-6203
	千葉市科学館	260-0013	千葉市中央区中央4-5-1「Qiball」7-10階	043-308-0511
	東金こども科学館	283-0801	東金市八坂台1-2107-3	0475-55-6211
			東金文化会館内	
東京都	板橋区立教育科学館	174-0071	板橋区常盤台4-14-1	03-3559-6561
	科学技術館	102-0091	千代田区北の丸公園2-1	03-3212-8544 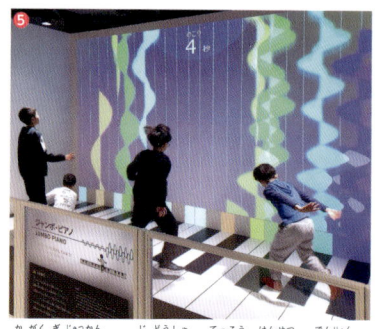
	原子力発電環境整備機構	108-0014	港区芝4-1-23 三田NNビル2階	03-6371-4000
	国立科学博物館	110-8718	台東区上野公園7-20	03-3822-0111 
	国立研究開発法人情報通信研究機構	184-8795	小金井市貫井北町4-2-1	042-327-5392
	（NICT本部 展示室）			
	こども科学センター・ハチラボ	150-0031	渋谷区桜丘町23-21	03-3464-3485
			文化総合センター大和田3階	
	八王子市こども科学館	192-0062	八王子市大横町9-13	042-624-3311
	（コニカミノルタサイエンスドーム）			
	多摩六都科学館	188-0014	西東京市芝久保町5-10-64	042-469-6100
	地下鉄博物館	134-0084	江戸川区東葛西6-3-1	03-3878-5011
	TEPIA先端技術館	107-0061	港区北青山2-8-44	03-5474-6131
	東武博物館	131-0032	墨田区東向島4-28-16	03-3614-8811
	日本科学未来館	135-0064	江東区青海2-3-6	03-3570-9151
	パナソニックセンター東京 AkeruE	135-0063	江東区有明3-5-1	03-3599-2600
	船の科学館	135-8587	品川区東八潮3-1	03-5500-1111
	港区立みなと科学館	105-0001	港区虎ノ門3-6-9	03-6381-5041
	未来をつくる杉並サイエンスラボ	166-0002	杉並区高円寺2-14-13	03-6383-0290
	IMAGINUS			
	郵政博物館	131-8139	墨田区押上1-1-2	03-6240-4311
			東京スカイツリータウン・ソラマチ9階	
神奈川県	かわさき宙と緑の科学館	214-0032	川崎市多摩区枡形7-1-2	044-922-4731
	相模原市立博物館	252-0221	相模原市中央区高根3-1-15	042-750-8030
	東芝未来科学館	212-8585	川崎市幸区堀川町72-34	044-549-2200
	はまぎんこども宇宙科学館	235-0045	横浜市磯子区洋光台5-2-1	045-832-1166
	三菱みなとみらい技術館	220-8401	横浜市西区みなとみらい3-3-1	045-200-7351
			三菱重工横浜ビル	
山梨県	山梨県発電総合制御所	400-0111	甲斐市竜王新町2277-3	055-278-1211
	（クリーンエネルギーセンター）			
	山梨県立科学館	400-0023	甲府市愛宕町358-1	055-254-8151
新潟県	NPO法人 みかわ天文台	950-0823	新潟市東中島4-8-3	0254-99-5080
			みかわ天文台新潟事務局	
	上越科学館	942-0063	上越市下門前446-2	025-544-2122
	新潟県立自然科学館	950-0948	新潟市中央区女池南3-1-1	025-283-3331
富山県	黒部市吉田科学館	938-0005	黒部市吉田574-1	0765-57-0610

向井千秋さんは、1952年館林市出身の日本人初の女性宇宙飛行士。ここでは、向井さんに関する展示のほか、見てさわって動かすといった、生活に身近な道具などの展示が多い。写真は、機械のしくみをさぐる展示。

科学技術館は、自動車や鉄鋼、建設、電力など、現代の産業技術をテーマに、技術や背景にある科学原理を体験型の展示や実験ショーなどで紹介。写真は音の展示室「サウンド」の「ジャンボ・ピアノ」。足でピアノの鍵盤をふむと、その鍵盤の音が出るとともに、音に応じた色や大きさの波がスクリーンにうつる。

国立科学博物館は、1877（明治10）年創立の日本でもっとも歴史のある博物館のひとつで「科博」の愛称で親しまれてきた。自然史・科学技術史に関して、国立の唯一の総合科学博物館で、アジアにおける科学系博物館の中核施設となっている。そのおもな活動は、①調査研究、②標本資料の収集・保管・活用、③展示・学習支援。写真は1970年、日本初の人工衛星「おおすみ」を打ちあげたロケットランチャー（発射台）。

都道府県	科学館名	住所	電話
富山県	立山カルデラ砂防博物館	930-1405 中新川郡立山町芦峅寺字ブナ坂68	076-481-1160
	富山県立イタイイタイ病資料館	939-8084 富山市友杉151	076-428-0830
	富山市科学博物館	939-8084 富山市西中野町1-8-31	076-491-2123
石川県	サイエンスヒルズこまつ ひとものづくり科学館	923-8610 小松市こまつの杜2	0761-22-8610
	津幡町こども科学館	929-0342 河北郡津幡町北中条3-1	076-288-7146
	根上学習センター	929-0113 能美市大成町ヌ111	0761-55-8560
福井県	原子力の科学館 あっとほうむ	914-0024 敦賀市吉河37-1	0770-23-1710
	福井県児童科学館	919-0475 坂井市春江町東太郎丸3-1	0776-51-8000 
	福井市自然史博物館分館 セーレンプラネット	910-0006 福井市中央1-2-1ハピリン5階	0776-43-1622
長野県	上田創造館	386-1102 上田市上田原1640	0268-23-1111
	大町エネルギー博物館	398-0001 大町市平2112-38	0261-22-7770
	sakumo 佐久市子ども未来館	385-0022 佐久市岩村田1931-1	0267-67-2001
	松本市教育文化センター	390-0221 松本市里山辺2930-1	0263-32-7600
	八ヶ岳自然文化園	391-0115 諏訪郡原村17217-1613	0266-74-2681
岐阜県	笠松町歴史未来館	501-6052 羽島郡笠松町下本町87	058-388-0161
	岐阜かかみがはら航空宇宙博物館	504-0924 各務原市下切町5-1	058-386-8500
	岐阜県先端科学技術体験センター（サイエンスワールド）	509-6133 瑞浪市明世町戸狩54	0572-66-1151
	岐阜市科学館	500-8389 岐阜市本荘3456-41	058-272-1333
	岐阜天文台	501-6122 岐阜市柳津町高桑西3-75	058-279-1353
	ひだ宇宙科学館 カミオカラボ	506-1124 飛騨市神岡町夕陽丘6	0578-86-9222
静岡県	奇石博物館	418-0111 富士宮市山宮3670	0544-58-3830
	静岡科学館る・く・る	422-8067 静岡市駿河区南町14-25 エスパティオ8〜10階	054-284-6960
	ディスカバリーパーク焼津	425-0052 焼津市田尻2968-1 ディスカバリーパーク焼津	054-625-0800
	東海大学海洋科学博物館	424-8620 静岡市清水区三保2389	054-334-2385
	浜松科学館	430-0923 浜松市中央区北寺島町256-3	053-454-0178
	富士川楽座 体験館どんぶら	421-3305 富士市岩淵1488-1	0545-81-5555
愛知県	とよた科学体験館	471-0034 豊田市小坂本町1-25 豊田産業文化センター	0565-37-3007
	トヨタ産業技術記念館	451-0051 名古屋市西区則武新町4-1-35	052-551-6115
	豊橋市地下資源館	441-3147 豊橋市大岩町字火打坂19-16	0532-41-2833
	名古屋市科学館	460-0008 名古屋市中区栄2-17-1	052-201-4486 
	名古屋市港防災センター	455-0018 名古屋市港区港明1-12-20	052-651-1100
	半田空の科学館	475-0928 半田市桐ヶ丘4-210	0569-23-7175
	夢と学びの科学体験館	448-0851 刈谷市神田町1-39-3	0566-24-0311
三重県	三重県立みえこどもの城	515-0054 松阪市立野町1291 中部台運動公園内	0598-23-7735
京都府	綾部市天文館	623-0005 綾部市里町久田21-8	0773-42-8080
	京都市青少年科学センター	612-0031 京都市伏見区深草池ノ内町13	075-642-1601
	福知山市児童科学館	620-0017 福知山市字猪崎377-1	0773-23-6292
大阪府	大阪科学技術館	550-0004 大阪市西区靱本町1-8-4	06-6441-0915
	大阪ガス ガス科学館	592-0001 高石市高砂3-1	072-268-0071
	大阪市立科学館	530-0005 大阪市北区中之島4-2-1	06-6444-5656 
	キッズプラザ大阪	530-0025 大阪市北区扇町2-1-7	06-6311-6601
	富田林市すばるホール	584-0084 富田林市桜ケ丘町2-8	0721-25-0222
兵庫県	明石市立天文科学館	673-0877 明石市人丸町2-6	078-919-5000
	赤穂市立海洋科学館	678-0215 赤穂市御崎1891-4	0791-43-4192
	伊丹市立こども文化科学館	664-0839 伊丹市桑津3-1-36	072-784-1222
	バンドー神戸青少年科学館（神戸市立青少年科学館）	650-0046 神戸市中央区港島中町7-7-6	078-302-5177

宇宙飛行士の毛利衛さんが名誉館長をつとめる体験型施設。写真は、宇宙船に乗って宇宙旅行を疑似体験できる「スペースシップ」（写真上）と、月面での重力（地球の6分の1）でのジャンプ歩行を体験することができるムーンウォーカー（写真下）。

名古屋市科学館は「理工館」「生命館」「天文館」の3館からなり、「みて、ふれて、たしかめて」だれもが楽しみながら科学に親しめる国内屈指の総合科学館。「天文館」のプラネタリウムが人気。写真は「理工館」にある放電ラボ。2基のテスラコイルから発生する120万ボルトの放電とともに、はげしい音も聞こえ、体験した人は一様に電気エネルギーの迫力に驚くという。

日本を代表する科学館で、ここもプラネタリウムが自慢。みんなに科学を楽しんでもらうための「サイエンス・ショー」にも力を入れている。写真は、ボールの動きを目で追いかけるというジョージ・ローズの芸術作品。宙返り、急降下、ジャンプなどいろいろな運動を見て楽しめる。

都道府県	科学館名	住所	電話
兵庫県	人と防災未来センター	651-0073 神戸市中央区脇浜海岸通1-5-2	078-262-5050
	姫路科学館	671-2222 姫路市青山1470-15	079-267-3001
	兵庫県立人と自然の博物館	669-1546 三田市弥生が丘6	079-559-2001
奈良県	橿原市立こども科学館	634-0075 橿原市小房町11-5	0744-29-1300
和歌山県	和歌山市立こども科学館	640-8214 和歌山市寄合町19	073-432-0002
島根県	出雲科学館	693-0001 出雲市今市町1900-2	0853-25-1500
鳥取県	鳥取市こども科学館	680-0841 鳥取市吉方温泉3-701	0857-27-5181
	鳥取市さじアストロパーク	689-1312 鳥取市佐治町高山1071-1	0858-89-1011
岡山県	川崎医科大学現代医学教育博物館	701-0192 倉敷市松島577	086-462-1111
	倉敷科学センター	712-8046 倉敷市福田町古新田940	086-454-0300 ⑩
	くらしき空飛ぶクルマ展示場	710-0046 倉敷市中央1-6-23	086-527-6248
	人と科学の未来館サイピア	700-0016 岡山市北区伊島町3-1-1 岡山市生涯学習センター	086-251-9752
広島県	呉市海事歴史科学館（大和ミュージアム）	737-0029 広島県呉市宝町5-20	0823-25-3017
	広島市交通科学館（ヌマジ交通ミュージアム）	731-0143 広島市安佐南区長楽寺2-12-2	082-878-6211
	広島市こども文化科学館	730-0011 広島市中区基町5-83	082-222-5346 ⑪
山口県	防府市青少年科学館	747-0809 防府市寿町6-41	0835-26-5050
	山口県立山口博物館	753-0073 山口市春日町8-2	083-922-0294
徳島県	阿南市科学センター	779-1243 阿南市那賀川町上福井南ノ渕8-1	0884-42-1600
	川口ダム自然エネルギーミュージアム	771-5408 那賀郡那賀町吉野イヤ谷72-1	0884-62-2209
	徳島県立あすたむらんど子ども科学館	779-0111 板野郡板野町那東字キビガ谷45-22	088-672-7111
香川県	琴平海洋博物館（海の科学館）	766-0001 仲多度郡琴平町953	0877-73-3748
	さぬきこどもの国	761-1402 高松市香南町由佐3209	087-879-0500
	情報通信交流館（e-とぴあ・かがわ）	760-0019 高松市サンポート2-1 高松シンボルタワー タワー棟4・5階	087-822-0111
愛媛県	愛媛県総合科学博物館	792-0060 新居浜市大生院2133-2	0897-40-4100
	四国西予ジオミュージアム	797-1717 西予市城川町下相945	0894-89-4028
高知県	高知みらい科学館	780-0842 高知市追手筋2-1-1 オーテピア5F	088-823-7767
福岡県	スペースLABO（北九州市科学館）	805-0071 北九州市八幡東区東田4-1-1	093-671-4566
	福岡県青少年科学館	830-0003 久留米市東櫛原町1713	0942-37-5566 ⑫
	福岡市科学館	810-0022 福岡市中央区六本松4-2-1	092-731-2525
	星の文化館	834-0201 八女市星野村10828-1	0943-52-3000
佐賀県	佐賀県立宇宙科学館 ゆめぎんが	843-0021 武雄市武雄町永島16351	0954-20-1666
長崎県	雲仙岳災害記念館（がまだすドーム）	855-0879 島原市平成町1-1	0957-65-5555
	佐世保市少年科学館『星きらり』	857-0031 佐世保市保立町12-31	0956-23-1517
	長崎市科学館	852-8035 長崎市油木町7-2	095-842-0505
大分県	大分市関崎海星館	879-2201 大分市大字佐賀関4057-419	097-574-0100
	杵築市大田 横岳自然公園	879-0911 杵築市大田波多方4448-1	0978-52-3146
	体験型子ども科学館O-Labo	870-0021 大分市府内町3-6-11	097-537-7200
	梅園の里 天球館	873-0355 国東市安岐町富清2244	0978-97-2655
熊本県	阿蘇火山博物館	869-2232 阿蘇市赤水1930-1	0967-34-2111
	荒尾総合文化センター	864-0041 荒尾市荒尾4186-19	0968-66-4111
	熊本博物館	860-0007 熊本市中央区古京町3-2	096-324-3500
宮崎県	宮崎科学技術館	880-0879 宮崎市宮崎駅東1-2-2	0985-23-2700
鹿児島県	鹿児島市立科学館	890-0063 鹿児島市鴨池2-31-18	099-250-8511
	リナシティかのや（鹿屋市市民交流センター）	893-0009 鹿屋市大手町1-1	0994-35-1001
沖縄県	沖縄こどもの国（ワンダーミュージアム）	904-0021 沖縄市胡屋5-7-1	098-933-4190

⑩ 倉敷科学センターもプラネタリウムが売り。「科学したい心が動き出すプラネタリウム」は、直径21mの大型ドーム。その日の夜の星空をめぐるプラネタリウムと大迫力の全天周映画が楽しめる。写真は、マイクに声をふきこむとシャボン玉が床にうつしだされ、おしたりけったりできる「声のシャボン玉」。コンピュータグラフィクスが人間の動きに反応しているかのように感じるCGアート技術が体験できるもの。

⑪ 広島市こども文化科学館は、科学の基本や生活に利用されている身近な科学技術の紹介に力を入れている。写真は、「あつくなる冷蔵庫？」「つかめないごはん」など、身近な道具の科学を楽しく紹介するコーナー（2026年リニューアル予定）。

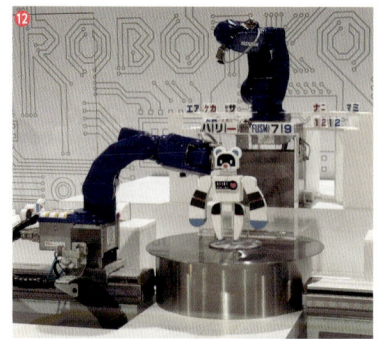

⑫ ズバリ、地球をテーマにした科学館。科学を身近に体験できる展示場は「礎となる科学コーナー」「先端科学技術コーナー」など大きく6つに分類される。写真は、ロボット工学の基礎を学んだり、産業用ロボットの高度な技術を体験したりできるロボット・科学技術コーナー。

さくいん

■ 企画・文

稲葉茂勝

1953年、東京都生まれ。東京外国語大学卒。編集者としてこれまでに1500冊以上の著作物を担当。自著も100冊を超えた。近年子どもジャーナリスト（Journalist for Children）として活動。2019年にNPO法人子ども大学くにたちを設立し、同理事長に就任して以来「SDGs子ども大学運動」を展開している。

■ 編集

こどもくらぶ（二宮祐子／上野瑞季）

「こどもくらぶ」は、あそび・教育・福祉分野で、子どもに関する書籍を企画・編集している今人舎編集室の愛称。図書館用書籍として、毎年10〜20シリーズを企画・編集・DTP制作している。これまでの作品は1000タイトルを超す。

https://www.imajinsha.co.jp

■ デザイン・DTP

菊地隆宣

■ 企画・制作

株式会社今人舎

■ 取材協力

日本科学未来館

■ 写真協力

日本科学未来館
札幌市青少年科学館
フェライト子ども科学館
つくばエキスポセンター
向井千秋記念子ども科学館
科学技術館
国立科学博物館
福井県児童科学館
名古屋市科学館
大阪市立科学館
倉敷科学センター
広島市こども文化科学館
福岡県青少年科学館

■ 写真提供

Maliflower73/istockphoto.com

■ 参考資料

● 日本科学未来館ホームページ
●『めざせ！ 21世紀の国際人4 「産業技術」につくした日本人』（くもん出版）
●『世界にはばたく日本力 日本の技術』（ほるぷ出版）
●『見学！ 日本の大企業 ホンダ』（ほるぷ出版）
●『未来をひらく最先端科学技術1 科学技術っておもしろい』（岩崎書店）
●『未来をひらく最先端科学技術5 ロボットと人は友だちになれるの？』（岩崎書店）

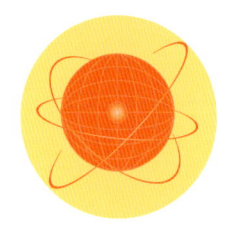

この本の情報は、特に明記されているもの以外は、2024年10月現在のものです。

理系の職場 ⑫日本科学未来館のしごと

初 版　第1刷発行　2024年11月30日

編　　　こどもくらぶ
発行所　株式会社同友館
　　　　〒113-0033 東京都文京区本郷 2-29-1
　　　　電話　03-3813-3966　FAX　03-3818-2774
　　　　http://www.doyukan.co.jp/
発行者　脇坂 康弘

印刷／製本　瞬報社写真印刷株式会社

©Kodomo Kurabu 2024　Printed in Japan.
Published by Doyukan Inc.
乱丁・落丁本はおとりかえいたします。

無断複写複製（コピー）禁ず
ISBN978-4-496-05714-4　NDC 335
32p/29cm